प्रवाहिनी

रीता डोबरियाल

STRING PRODUCTION

प्रकाशक:

स्ट्रिंग प्रोडक्शन

2 एच, 1066, प्रीत विहार कॉलोनी,

रूड़की, उत्तराखंड – 247667

ईमेल: stringproductionofficial@gmail.com

प्रवाहिनी

ISBN: 978-93-6048-425-5

पुस्तक एवं कवर डिजाइन: **दिव्यान्श मानरल**

भारत में मुद्रित

मेरी माँ के नाम

बसंती डोबरियाल

मेरी माँ, मेरी पहली गुरु, मेरी सबसे अच्छी दोस्त, मेरी शुभचिंतक, जिस पर मैं हर हाल में भरोसा कर सकती हूँ। जब भी मैं लड़खड़ाई, माँ ने सँभाल लिया। जब भी टूटी, अपने स्नेह से मुझे समेट लिया। जब भी हिम्मत डगमगाई, माँ ने अपनी मुस्कान और सानिध्य से मुझे सहारा दिया। जब भी मैं हारी, माँ ने विश्वास दिलाया कि मैं जीतने में सक्षम हूँ।

उनका स्नेह मेरे जीवन की सबसे अनमोल पूँजी है, उनकी सीख मेरी राह का उजाला है, उनका धैर्य मेरी सबसे बड़ी ताकत है। मेरे हर शब्द, हर भावना, और इस पुस्तक के हर पन्ने में उनकी छाया, प्रेरणा और ममता समाई हुई है। मैं आज जो कुछ भी हूँ, उसमें मेरी माँ का ही साथ है।

यह पुस्तक मेरी माँ को सादर समर्पित।

आभार

इस किताब को लिखने का सफर आसान नहीं था, लेकिन कई लोगों के सहयोग, समर्थन और प्रेम के सानिध्य से यह पूरा होना मुमकिन हुआ।

इस किताब के हर शब्द, हर पंक्ति के पीछे कई अनकही कहानियाँ और अनगिनत लोग हैं—कुछ जाने-पहचाने, कुछ अनजाने—जिन्होंने मुझे जाने-अनजाने में इस सफर पर आगे बढ़ने की प्रेरणा दी। जो किसी न किसी रूप में मेरी इस यात्रा का हिस्सा बने।

मेरे दोनों बच्चे, प्रखर और अव्यान का धन्यवाद, जो मेरी सबसे बड़ी ताकत और प्रेरणा हैं। उनकी मासूम जिज्ञासा, उनका उत्साह, और हर बार मेरी कहानियाँ और कविताएँ सुनने की उनकी जिद ने मुझे बार-बार लिखने का हौसला दिया। जब वे मेरी लिखी बातों को पूरे मन से सुनते हैं, उनकी आँखों की चमक और दिल से निकली ख़ुशी मुझे यकीन दिलाती है कि मेरे शब्दों की कोई कीमत है।

मेरे परिवार, दोस्तों, और उन अनदेखे लोगों का भी धन्यवाद, जिनकी कही-अनकही बातें, छोटे-बड़े लम्हे, और जिंदगी के अनुभव इस किताब में किसी न किसी रूप में समाए हुए हैं।

उन सभी अनजान चेहरों और जीवन के अनुभवों का भी शुक्रिया, जिन्होंने मुझे कहानियाँ लिखने के लिए प्रेरित किया। कुछ यादें, कुछ मुलाकातें, और कुछ एहसास इन पन्नों में ढल गए हैं और कुछ अधूरी कहानियां यहाँ शब्दों का रूप लेकर सांस ले रही हैं।

इसमें मेरे पति पुष्कर और मेरी बहन संगीता का योगदान उल्लेखनीय है, जिन्होंने मेरी कहानियों और कविताओं को ध्यानपूर्वक पढ़ा, अपने विचार मुझसे साझा किए और मुझे लिखते रहने के लिए प्रेरित किया।

और अंत में, उन सभी पाठकों को धन्यवाद, जो इस किताब को पढ़ेंगे, भावनाओं को महसूस करेंगे, और इसे अपने दिल में जगह देंगे। अगर मेरी कहानियों और कविताओं में आपको अपने जीवन की झलक मिले, तो यह मेरी सबसे बड़ी उपलब्धि होगी।

स्नेह और आभार सहित,

अनुक्रमणिका

सारांश:

"गंगा और तारा" *एक मासूम बालिका गंगा और उसके प्रिय मेमने तारा के बीच के गहरे, निश्छल और स्नेहमय रिश्ते को अत्यंत कोमलता से चित्रित करती है। गंगा रोज़ पानी भरने से बचने के लिए तरह-तरह के बहाने बनाती है, क्योंकि उसका मन तारा के साथ खेल-कूद में रमता है। उसके लिए तारा ही उसकी दुनिया है।*

लेकिन एक दिन जब तारा अचानक कहीं लापता हो जाती है, तो गंगा का हृदय व्याकुल हो उठता है। वह उसे ढूंढने के लिए व्यग्र हो जाती है, और कई दिन तक उदासी में डूबी रहती है। फिर जब तारा लौट आती है, तो गंगा के जीवन में फिर से रंग भर जाते हैं, और उसकी चंचलता व शरारतें लौट आती हैं।

गंगा और तारा

दनदनाती सी गंगा आँगन में आई,
और धप से चारपाई पर हुई धराशाई।
बोली माँ से, अब ना जाऊँगी तेरा भरने गागर,
पानी लाते टूट गई आज मेरी एक झाँझर।

माँ मुस्काई और बोली,
तू नहीं जाएगी तो कौन करेगा मेरा काम,
तू ही तो है मेरा सहारा और मेरा मान।
मुँह बनाती गंगा बोली खुद ही जाना तू कल से,
मैं और मेरी तारा तो खेलेंगे बस अब से।

लपक गई वो मासूम मेमने तारा की ओर,
और जा छुपी कमरे में लेके उसकी डोर।
माँ और गंगा का रोज का ताना बाना था,
पानी भरने न जाने का रोज का बहाना था।

उसको बस तारा से था प्यार,
और उसका साथ ही था मनुहार।
दिन बीते ऐसी ही अटखेलियों में,
पहाड़ों की ऊँची नीची गलियों में।
एक दिन गंगा पानी भर घर आई,
और तारा को आवाज़ लगाई।
पर जब तारा नजर ना आई,
तो गंगा थोड़ी सी घबराई।

बोली चीख कर माँ से अपनी,
क्या तुमने देखा तारा को मेरी।
माँ बोली नहीं देखा खाना देने के बाद से,
मुझे लगा शायद तुम्हारे ही साथ है।

गंगा का दिल धम से बैठ गया,
मानो दिल में कुछ टूट गया।
आई दिमाग में अचानक बाबा की बात,
गाँव में दिखे थे भालू और बाघ।

कहीं तारा खेतों की तरफ गई,
और जंगल की तरफ रास्ता भटक गई।
दौड़ कर गई गंगा खेतों से जंगल की ओर,
तारा तारा मचाती रही वो शोर।

पर तारा का नाम निशान ना मिला,
उसके होने का कोई सामान ना मिला।
रोती बिलखती गंगा घर को लौट आई,
तारा की याद में उसने की बहुत रुलाई।

तारा के लिए उसने खाना पीना छोड़ा।
माँ ने उसके बहुत हाथ-पाँव जोड़ा।
खा ले गंगा तारा मिल जाएगी,
बिन खाये तारा को कैसे ढूँढ़ पाएगी।

गंगा तो हठ कर बैठी, वो खाना ना खाएगी,
जब तक उसकी तारा घर वापस ना आएगी।
एक, दो, नहीं कई दिन बीत गए,

रोते-रोते गंगा के भी आँसू सूख गए।

अब गंगा चुपचाप पानी भर लाती,
और माँ के बिना कहे चुपचाप खाना खाती।
माँ से गंगा का ये दुख ना देखा जाता,
बोली, बाबा ने कहा मैं नया मेमना लाता।

पर गंगा कुछ जवाब ना दिया करती,
और चुपचाप चारपाई पर जम जाया करती।
एक दिन आँगन में बैठी थी माँ के पास,
तभी आई एक मेमने के रोने की आवाज़।

गंगा पलट कर देखी तो तारा थी खड़ी,
धूल और मिट्टी से लथपथ सी सनी।
लपक कर गंगा ने थामा तारा को जोर से,
कुछ आँसू की बारिश हुई दोनों ओर से।

कहाँ चली गई थी तुम मुझे छोड़ के,
गंगा चिल्लाई तारा पर जोर से।
पर तारा को खुशी थी बस घर पहुँच जाने की,
घर का रास्ता पकड़ गंगा को गले लगाने की।

गंगा का शैतानी से चीखना फिर से वापस आया,
और गागर को पटक कर फिर वही राग गया।
अब ना जाऊँगी तेरा भरने गागर,
पानी लाते टूट गई आज मेरी एक झाँझर।

गुलाबी चप्पल

"मैडम जी, आपकी चप्पल कितनी प्यारी है!" — नन्ही मिली ने राधिका की सैंडल्स को देख कर कहा।

उसकी मासूमियत पर राधिका का दिल खिल उठा।

"तुमको भी चाहिए ऐसी चप्पल?"

"हाँ, बिल्कुल! ऐसी ही गुलाबी रंग की!" — मिली ने मुस्कुराते हुए जवाब दिया।

राधिका की पोस्टिंग एक दूरस्थ पहाड़ी गांव के छोटे से प्राइमरी स्कूल में अध्यापिका के तौर पर हुई थी। छोटा सा गांव, गिनती के २४-२५ बच्चे पढ़ने आते थे।

मिली उन्हीं में से एक थी — लगभग ७-८ साल की उम्र, बेहद मासूम, प्यारी और चंचल बच्ची।

मिली को रंग-बिरंगी चप्पलें बहुत पसंद थीं। वह अक्सर नीले, लाल, हरे रंग की रबर या प्लास्टिक की चप्पलें पहनती थी। स्कूल में नियम था कि सभी बच्चे कक्षा में चप्पलें उतारकर प्रवेश करें, पर मिली हमेशा चप्पल पहनकर ही बैठती।

उसके दाहिने पैर में कुछ झुकाव था — पैर पूरी तरह सीधा नहीं हो पाता था, और कुछ सूजन भी रहती थी। यही कारण था कि राधिका कभी उसे मना नहीं करती थी। वह जानना तो चाहती थी कि उस मासूम सी बच्ची को क्या तकलीफ़ है, पर चाहकर भी कभी पूछ न सकी।

उस दिन जब मिली ने राधिका की गुलाबी सैंडल को इतने प्यार से देखा, तो राधिका का दिल भर आया। गांव के बच्चे अक्सर बहुत भोले और सपनों से भरे होते हैं। शहर की छोटी-छोटी चीज़ें उन्हें किसी रंगीन दुनिया का हिस्सा लगती हैं।

वीकेंड पर जब राधिका शहर गई, तो वह खासतौर पर मिली के लिए एक सुंदर सी गुलाबी सैंडल खरीद लाई। उसने सोचा, इस बहाने वह मिली के घर भी जाएगी और उसके माता-पिता से मिलकर उसके पैर की तकलीफ़ के बारे में भी पूछेगी।

सोमवार को मिली स्कूल नहीं आई। पूछने पर पता चला कि वह इलाज के लिए शहर गई है। एक हफ्ता बीत गया, लेकिन मिली स्कूल नहीं लौटी।

शनिवार को छुट्टी के दिन राधिका गांव गई और मिली का घर ढूंढा। एक छोटा सा घर — आधा पक्का, आधा कच्चा। आंगन में मिली के बाबा बैठे थे।

राधिका को देखते ही वे तुरंत उठ खड़े हुए, "अरे मैडम जी, आप!"

वे आदरपूर्वक कुर्सी लेने दौड़े।

राधिका ने मुस्कराकर कहा, "आप परेशान न हों, मैं बस मिली से मिलने आई हूँ। वह कई दिन से स्कूल नहीं आई।"

मिली के बाबा ने भारी मन से बताया, "बचपन में दाहिने पैर में गहरी चोट लगी थी। गांव में सही इलाज नहीं हो पाया, जिससे अंदरूनी घाव बढ़ गया। अब ऑपरेशन कराना पड़ा, इसलिए शहर ले गए थे।"

राधिका ने पूछा, "क्या मैं मिली से मिल सकती हूँ?"

बाबा ने हामी भरी और उसे अंदर ले गए।

कमरे के भीतर मिली बिस्तर पर लेटी थी। उसकी माँ और पड़ोस की एक महिला पास बैठी थीं।

राधिका ने उत्साह से बैग से गुलाबी चप्पल निकाली और मुस्कराते हुए बोली, "देखो मिली, मैं तुम्हारे लिए क्या लाई हूँ! जल्दी से पहन कर दिखाओ!"

वह जैसे ही उसके पैरों की ओर झुकी, तो एक पल को सांस थम सी गई — मिली का दाहिना पैर नहीं था...

उस पर पट्टी बंधी थी।

राधिका खुद को संभालते हुए पास की कुर्सी पर बैठ गई,

तभी मिली ने झट से चप्पल राधिका के हाथ से खींच ली और बोली,

“वाह! कितनी सुंदर है! पर मैडम जी, अब मुझे एक ही चप्पल की ज़रूरत है... आप दूसरी ले जाइए।”

पास बैठे माँ, बाबा और राधिका की आंखों में आंसू आ गए — लेकिन नन्हीं मिली की आंखों में सिर्फ खुशी थी — अपनी प्यारी गुलाबी चप्पल मिलने की खुशी।

सारांश:

*यह कविता **"हृदय"** जीवन के गहन भावनात्मक संघर्षों और अस्तित्व से जुड़े जटिल प्रश्नों की अभिव्यक्ति है। इस कविता में अंतर्मन की पीड़ा, अकेलेपन की कसक, और जीवन-मृत्यु के रहस्यपूर्ण द्वंद्व को मार्मिकता से उकेरा गया है।*

***"हृदय"** न केवल जीवन की क्षणभंगुरता और बिछड़ने के दर्द को छूती है, बल्कि आत्मा के संघर्ष की उस शांत आवाज़ को भी स्वर देती है, जो भीतर ही भीतर सिसकती है।*

हृदय

हृदय मेरा सिसक रहा है,
मन भटक रहा है वन में,
बिजली सी लगती है तन में।
शायद कोई बिछड़ रहा है,
हृदय मेरा सिसक रहा है।

जाना है जब इक दिन सबको,
तो क्या रखा है इस उलझन में,
लपटें तो लगनी है तन में।
फिर क्यों मन ये सुलग रहा है,
हृदय मेरा सिसक रहा है।

अंधियारे से जब तन घबराता,
तब क्यों अँधियारा घिरा है मन में,
मृत्यु अंतिम सच है जीवन में।
फिर कौन सा उजियारा छिप रहा है,
हृदय मेरा सिसक रहा है।

हृदय मेरा सिसक रहा है,
मन भटक रहा है वन में ,
बिजली सी लगती है तन में,
शायद कोई बिछड़ रहा है,
हृदय मेरा सिसक रहा है,
हृदय मेरा सिसक रहा है।

सुनामी

कबीर का मन आज कुछ अधिक ही उदास था। सुबह से ही तेज बारिश हो रही थी। भीषण गर्मी के बाद यह पहली बारिश थी — हर घर में चाय और पकौड़ों की खुशबू से वातावरण सरोबार था। गली के बच्चे बारिश में भीगते हुए मस्तियाँ कर रहे थे, कुछ काग़ज़ की नाव बहा रहे थे। इक खुशनुमा सा माहौल था इस अचानक हुई बारिश से।

यह बारिश जो सबके मन को ठंडक पहुंचा रही थी, वही बारिश कबीर के मन को ज्वलंतशील बना रही थी।

कबीर नहीं देखना चाहता था इस बरसात के माहौल को, इसलिए वह चुपचाप बिस्तर पर जाकर लेट गया।

अचानक माँ की आवाज़ आई —

"कबीर, उठ जा बेटा, चाय पी ले।"

कबीर जागा, तो देखा कि बाहर फिर से बादल घुमड़ रहे हैं।

"अरे माँ, चाय के साथ पकौड़े भी बना देती," वह हल्की मुस्कान के साथ बोला।

"तेरे पापा और रेणुका बाजार गए हैं कुछ सामान लेने। जब लौट आएँगे, सबके लिए एक साथ बना दूँगी। तू तब तक चाय पी ले," माँ ने स्नेह से कहा।

उसी पल बारिश फिर तेज हो गई। लगातार कई दिनों से बरसात रुकने का नाम नहीं ले रही थी।

माँ और कबीर दरवाजे की ओर टकटकी लगाए बैठे रहे — लेकिन पापा और छोटी बहन रेणुका का कहीं कोई पता नहीं था।

"मैंने तो मना किया था कि अभी मत जाइए, पर फिर भी चले गए। सुना है आसपास के इलाकों में पानी भर गया है। कहीं पानी में फँस तो नहीं गए। बेटा, तू टीवी तो चला — समाचार देख लें," माँ ने चिंतित होकर कहा।

कबीर ने टीवी ऑन किया। मौसम विभाग की चेतावनी गूंज रही थी —

"सुनामी की आशंका, सभी नागरिकों से सुरक्षित स्थान पर जाने की अपील..."

उसी क्षण पानी की एक विशाल लहर घर के भीतर घुस आई।

कबीर चीख पड़ा — "माँ!"

और उसकी आँख खुल गई। एक सपना था... शायद।

बाहर अब भी बारिश हो रही थी। पर कबीर पसीना पसीना हो रखा था।

उन्नीस साल हो गए थे उसे अपने माता-पिता और बहन रेणुका को खोए हुए — उसी सुनामी में, जिसने न जाने कितने घरों को बहा दिया था।

कबीर भी उन्ही सैकड़ो लोगो में से एक था।

इन उन्नीस सालो में वक़्त और हालात से समझौता कर के अधिकाँश लोगों का जिंदगी तो किनारे पर आ गई पर नहीं गई तो जाने वालों की याद और बारिश का वो खौफ।

कबीर भी इसी दर्द और खौफ से हर बारिश में गुजरता और हर बारिश में आते ये सपने जिसमे वो हर बार अपने परिवार को फिर से खो देता।

सारांश:

“यह कविता ***"नदिया की धार"*** *जीवन के प्रवाह और उसकी सीख़ को दर्शाती है। कवयित्री जब नदी की धार को देखती है, तो ऐसा प्रतीत होता है मानो वह उससे संवाद कर रही हो। नदी का शीतल जल सभी को निर्मल बनाता है और कल-कल बहता हुआ निरंतर आगे बढ़ता रहता है।*

जब कवयित्री अपने जीवन की उलझनों और अशांत मन की बात करती है, तो नदी उसे एक गहरी सीख देती है—अतीत को भुलाकर मन को निर्मल बनाओ, जीवन में आगे बढ़ो, और भविष्य की चिंता किए बिना वर्तमान में जियो।

यह कविता जीवन में सकारात्मकता, प्रवाह, और निर्मलता की प्रेरणा देती है, जिसमें नदी को एक शिक्षक के रूप में प्रस्तुत किया गया है, जो सदा आगे बढ़ते रहने का संदेश देती है।”

नदिया की धार

नदिया की धार को जब देखा मैंने,
मानो मुझसे लगी वो कहने।
“देखो मेरा शीतल जल,
करता है सबको निर्मल।
बहता है कर के कल कल,
देखो मेरा शीतल जल।”

फिर मुझसे पूछा उसने,
कुछ कहो बारे में अपने।
“बुरा गया बीता जो कल,
जाने क्या हो अगला पल।
ना तुम्हारी तरह मैं शीतल,
ना ही मेरा मन है निर्मल।”

लगी जब मेरा उत्तर सुनने,
ठिठक गई पथ में वो अपने।
“जो बीत गया भूलो वो पल,
बना लो अपने मन को निर्मल।
हो जाओ मेरी तरह शीतल,
ना सोचो क्या हो अगला पल।”
इतना ही बस कहा उसने,
और बढ़ चली वो पथ पे अपने।

उड़ान

आज गार्डन में टहलते हुए सपना की नजर एक नन्ही चिड़िया पर पड़ी, जो शायद करंट लगने से ज़मीन पर गिर गई थी। उसकी साँसें चल रही थीं, मगर हालत नाज़ुक थी। उसकी पनीली आँखों में दर्द झलक रहा था, सपना से यह देखा नहीं गया।

वह झट से चिड़िया को उठाकर घर के अंदर ले आई। मरहम-पट्टी की, रुई के फाहे से पानी पिलाया और एक पुरानी पड़ी फलों की टोकरी में सुला दिया।

अगले दिन वह नन्ही चिड़िया थोड़ी बेहतर लग रही थी।

सपना ने कई दिनों तक उसकी देखभाल की — जैसे कोई माँ अपने नवजात को सहेजती है।
कुछ ही दिनों में चिड़िया पूरी तरह से स्वस्थ हो गई।

सपना को लगता था कि शायद वह फिर कभी उड़ नहीं पाएगी। इसलिए उसने टोकरी को घर के बाहर, बग़ीचे में एक पेड़ के नीचे रख दिया, ताकि खुली हवा में चिड़िया थोड़ा चल-फिर सके।

थोड़ी देर बाद चिड़िया धीरे-धीरे टहलने लगी...

और फिर अचानक —

फुर्र...

उड़ गई!

आसमान में एक गोल चक्कर लगाकर वापस आई, सपना के कंधे पर कुछ पल बैठी — शायद धन्यवाद कहने...

और फिर खुले आकाश की ओर उड़ गई — आज़ादी से, आत्मविश्वास से।

लेकिन सपना को लगा जैसे वह चिड़िया उसे कह गई हो —

"जब मैं फिर से उड़ सकती हूँ, तो तुम क्यों नहीं?"

उस रात सपना देर रात तक सोचती रही।

इतने बड़े मकान में भी एक खालीपन था —

रिश्तेदार थे, पर रिश्ते नहीं। लोग थे, पर अपने नहीं। दिखावा था, पर स्नेह नहीं।

यही सोचते-सोचते उसे नींद आ गई। बहुत दिनों बाद वह एक गहरी नींद में सोइ थी , चैन की नींद। सुबह जब जागी, पति रजत ऑफिस जा चुके थे। चेहरे पर अजीब-सी शांति और हल्की मुस्कान थी। सपना उठी, तैयार हुई, ज़रूरत का कुछ सामान और कुछ कपड़े एक सूटकेस में रखे। रजत के नाम एक छोटा-सा खत टेबल पर रखा...और दहलीज को लांघकर बाहर निकल गई।

कहाँ ?

अपनी पहचान की तलाश में। दोबारा पंख फैलाने के लिए। अपने सपनों को जीने, और एक बार फिर स्वयं को पाने के लिए।

सारांश:

*"यह कविता **"सफर"** जीवन के सफर में छूट जाने वाले रिश्तों की गहराई को दर्शाती है। यह कविता उन लोगों की बात करती है जो हमारे जीवन से हमेशा के लिए चले जाते हैं।*

साथ बिताए गए पल, मिलकर गाए गए गीत और साझा की गई राहें, अकेले में अधूरी और डगमगाती सी लगती हैं। यह कविता उन भावनाओं को व्यक्त करती है जो किसी प्रियजन के दूर जाने के बाद मन में घर कर जाती हैं।

इसमें यह सार है कि हमें अपने रिश्तों को सँभालकर रखना चाहिए, अपने प्रियजनों का साथ नहीं छोड़ना चाहिए, क्योंकि एक बार बिछड़ने के बाद वे लौटकर नहीं आते। यह कविता मोह, संवेदना और आत्मीय जुड़ाव का मार्मिक चित्रण है।"

सफर

जो हाथ छुड़ाकर हैं चले जाते,
वो फिर लौट कर नहीं आते।
जो मिलकर हैं हम गीत गाते,
वो अकेले गुनगुनाये नहीं जाते।
जो हाथ छुड़ाकर हैं चले जाते,
वो फिर लौट कर नहीं आते।

जिन राहों पर हम कभी साथ हैं जाते,
वहां अब अकेले में पैर हैं डगमगाते।
जो हाथ छुड़ाकर हैं चले जाते,
वो फिर लौट कर नहीं आते।

बांध लो सुर को गीतों में,
कहीं साज़ रूठ न जाये।
पहचान लो उन राहों को,
कहीं न अब पैर डगमगाए।
थाम लो उन हाथों को,
कहीं वो छूट न जाये।
क्यूंकि,
जो हाथ छुड़ाकर हैं चले जाते,
वो फिर लौट कर नहीं आते।

अनपढ़े ख़त

सुमित्रा आँगन में बैठी धूप सेक रही थी। सर्दियों के दिनों में गुनगुनी धूप में बैठना सुमित्रा को बहुत पसंद था। बस यही तो ख़ुशी बाकी थी अब उसके जीवन में, और तो हर चीज उसे रवि के पिता की याद दिलाती थी। पहले जब रवि के पिता ऑफिस चले जाया करते, बच्चे स्कूल चले जाते तो सुमित्रा यूँ ही धुप में अकेले बैठ कर आराम किया करती थी।

फिर उनके गुजरने के बाद सब कुछ बदल सा गया। बेटी रेवा शादी कर के अपने घर परिवार में व्यस्त हो गई। बेटा रवि और उसकी पत्नी सुधा ऑफिस में बिजी रहते।

रवि के पिता के जाने के बाद पोता रोहित ही सुमित्रा का सहारा था। उसको खाना खिलाना, होम वर्क में हाथ बटाना, उसके साथ सैर पर जाना। रवि और सुधा की गैरमौजूदगी ने रोहित और सुमित्रा को एक दूसरे का सहारा बना दिया। रोहित अक्सर कहता, दादी तुम मेरी दोस्त हो। माँ-पापा के पास तो टाइम ही नहीं होता मेरे लिए, एक तुम ही तो हो जो मुझे समझती हो।

फिर समय बीता, रोहित की पढाई पूरी हुई, और वो आगे पढ़ने बड़े शहर चला गया। फिर विलायत में नौकरी लग गई। अब अरसा हो गया रोहित को विलायत बसे हुए, सुमित्रा फिर से अकेली हो गई थी, साल डेड साल में रोहित आता है कुछ दिन रह कर सारी बचपन की यादें तरोताज़ा करता, सुमित्रा का भी मन बहल जाता।

बस इसी सोच विचार में सुमित्रा डूबी थी की गेट पर किसी ने आवाज दी, कोई घर पर है? सुमित्रा आर्थराइटिस के दर्द में कराहते हुए धीमे से उठी और गेट की तरफ चलते हुए बड़बड़ाई, कौन आ गया इस टाइम। आजकल तो ना कोई मेहमान आता है ना ही पडोसी।

गेट पर डाकिया था। सुमित्रा चौंक गई , आजकल डाकिये आते ही कहाँ हैं। आजकल तो फेसबुक और वाट्सएप्प से ही खबर आती है। माता जी पार्सल है सुमित्रा देवी के नाम से, डाकिया मुस्कराते हुए बोला। मेरा पार्सल, सुमित्रा गेट खोलते हुए बुदबुदाई। मुझे कौन पार्सल भेज रहा है भाई।

जी माता जी आपका पार्सल, लीजिये इधर दस्तख्त कर दीजिये।

डाकिया पेन सुमित्रा की तरफ बढ़ाते हुए बोला। सुमित्रा ने दस्तख्त किये और पार्सल लेकर आँगन में आकर बैठ गई।

सुमित्रा उस छोटे से डब्बे को तोलने मटोलने लगी।

बाहर बड़े शब्दों में लिखा था:

"सेवा में,

सुमित्रा देवी मिश्रा, वाइफ ऑफ़ लेट श्री राम प्रसाद मिश्रा"

इतना पढ़ कर सुमित्रा कुछ असमंजस में पड़ गई और उसने डब्बे को खोलना शुरू किया। डब्बे के अंदर एक किताब थी।

अनपढ़े खत

- सुमित्रा मिश्रा

सुमित्रा थोड़ा चौक गई। २-३ बार उसने ध्यान से पढ़ा फिर कुछ हिचकिचाते हुए किताब को खोला।

अंदर समर्पण पृष्ट पर लिखा था -

यह किताब मेरे दादाजी को समर्पित है मेरी दादी की तरफ से जो पिछले २४ सालों से उनकी यादों को अपने साथ जीवंत रख रही हैं। उनके देहांत के बाद, वह अपनी डायरी में अक्सर उनके लिए खत लिखा करती थी, एक कविता के रूप मे। एक दिन मुझे दादी की डायरी पढ़ने का मौका मिला और मेरी आँखों से आंसुओ की एक झड़ी बह चली। मुझे लगा की इन हृदय को छू लेने वाले खतों को इस तरह डायरी के पन्नो में दबाये रखना बेईमानी होगी, इन अनकहे एहसासों के साथ भी और दादा-दादी के साथ भी। इसलिए मैं इस किताब के जरिये इन खतों को उन सभी तक पहुंचना चाहता हूँ जो कभी ना कभी किसी अपने को खो

कर अपनी जिंदगी जी रहे हैं और किसी अपने के लिए एक मजबूत सहारा बन रहे हैं, जैसी मेरी दादी सुमित्रा देवी मेरा सहारा रही हैं और हमेशा रहेंगी।

आगे के पन्नों में सुमित्रा के लिखे हुए खत रुपी कवितायें थी जिन्हे वो अक्सर लिखा करती थी अपने पति के लिए।

सुमित्रा की आँखे भर कर छलकने लगी।

तभी फ़ोन में घंटी बजी।

रोहित कालिंग !!!

सुमित्रा भरे गले से बोली, हेलो रोहित। बस इतना ही बोल पाई थी सुमित्रा।

रोहित भी भरे गले से बोला, दादी जब आप मुझे होम वर्क कराती और खुद भी अपनी डायरी में लिखती रहती तो मैं अक्सर सोचता था आप क्या लिखती हैं।

एक दिन मैंने आपकी डायरी पढ़ी और एहसास हुआ कि आप कितनी अकेली हैं दादाजी के बिना। आपने सबके लिए बहुत कुछ किया पर हम सब आपके लिए कुछ ना कर पाए। तो सोचा कम से कम आपके अनपढ़े खत तो पढ़ ही सकते हैं आपके साथ।

सुमित्रा कुछ सिसक कर बोली, सोचती थी मेरी डायरी मेरे मरने क बाद रद्दी में सिमट जाएगी। पर तुमने तो मेरी निर्जीव डायरी को एक जान दे कर जीवंत बना दिया बेटा।

बस आपकी इसी ख़ुशी के लिए दादी, रोहित रुआंसा होकर बोला।

जल्दी घर आने का वादा कर के रोहित ने फ़ोन रख दिया।

सुमित्रा के आंसू रोके नहीं रुक रहे थे। पर होठों पर मुस्कान थी, धूप और तेज़ हो गई थी और सुमित्रा को अब अकेलेपन का एहसास नहीं हो रहा था। सुमित्रा ने किताब खोली और जोर जोर से अपने लिखे खत पढ़ने लगी।

"जैसे कोई नज़्म, जो अब सबकी हो गई हो..."

सारांश:

*"यह कविता **"मधुर स्वप्न"** जीवन के बीते पलों, खोए हुए सपनों और परिवर्तन की अनिवार्यता को व्यक्त करती है।*

समय के साथ दिशा बदलते पक्षियों और परिवर्तित होती वायु की तरह जीवन भी आगे बढ़ता रहता है, लेकिन मन उन सुनहरे पलों को दोबारा पाने की चाह में भटकता रहता है।

यह कविता बीते हुए स्वप्नों के टूटने की कसक, स्मृतियों की मिठास और परिवर्तन की स्वीकृति का संवेदनशील चित्रण करती है।"

मधुर स्वप्न

वो क्षण जीवन का बीत गया,
मधुर स्वप्न मेरा टूट गया।
सब कुछ पीछे छूट गया,
वो क्षण जीवन का बीत गया।

खिले हुए पौधों की फुलवारी,
महके महके पौधों की क्यारी,
जैसे वो सब रूठ गया,
सब कुछ पीछे छूट गया।।

पक्षी दिशा बदल रहे हैं,
वायु का भी है रुख बदला।
कहाँ खोजे उस मस्त पवन को,
पंछियो से भरे उस वन को।

जीवन का एक क्षण जिया था,
वो क्षण हमसे टूट गया।
सब कुछ पीछे छूट गया,
वो क्षण जीवन का बीत गया।

वो वन पीछे छूट गया,
मधुर स्वप्न जो टूट गया।
सब कुछ पीछे छूट गया,
वो क्षण जीवन का बीत गया।

भ्रम

ठंडी हवा के झोंके ने नीलांजना को जगाया।

टैक्सी सड़क के किनारे एक कच्चे रास्ते पर रुकी थी। नीलांजना ने इधर-उधर देखा तो ड्राइवर सामने एक चाय की टपरी पर किसी से बात करता नजर आया। कुछ देर बाद वह लौटकर नीलांजना की ओर आया। "मैडम, यही है गाँव का रास्ता। बस यहाँ से 1-2 किलोमीटर दूर आपका गेस्ट हाउस है। पैदल ही पूरा गाँव घूम सकती हैं, बहुत बड़ा नहीं है," ड्राइवर ने कहा। "ठीक है, तो आप मुझे गेस्ट हाउस छोड़ दीजिए," नीलांजना ने जवाब दिया।

ड्राइवर ने जल्द ही उसे गेस्ट हाउस पहुँचा दिया, लेकिन जाते-जाते थोड़ा हिचकिचाते हुए बोला, "मैडम, वो टपरी वाला लड़का कुछ कह रहा था"..."क्या कह रहा था?" नीलांजना ने पूछा।

"मैडम, आदिवासी लोग हैं, थोड़ा ध्यान रखिएगा। और सांझ के बाद बाहर मत निकलिए, ना ही दरवाजा खोलिए तो बेहतर रहेगा," ड्राइवर ने चेतावनी दी। "अरे, ये भी इंसान ही हैं, भोले-भाले गाँव के लोग। लेकिन हाँ, मैं ध्यान रखूँगी," नीलांजना ने मुस्कराते हुए कहा।

ड्राइवर चला गया। नीलांजना उद्यान विभाग में शोधकर्ता थी और एक हफ्ते के शोध के लिए इस गाँव में आई थी। उसका एक और सहयोगी भी आने वाला था, लेकिन अभी तक नहीं पहुँचा था। गाँव शहर से काफी दूर था और मोबाइल नेटवर्क की भी समस्या थी, जिससे वह किसी से संपर्क नहीं कर पा रही थी।

गेस्ट हाउस में गार्ड और उसकी पत्नी राधा रहते थे। शाम हो चुकी थी। नीलांजना ने राधा से खाना बनाने को कहा और खुद बाहर जाने लगी, तभी गार्ड ने टोका—"मैडम जी, इस वक्त कहाँ जा रही हैं?" "जरा गाँव देखने के लिए, अभी तो सिर्फ छह ही बजे हैं," नीलांजना ने जवाब दिया।

गार्ड हँसते हुए बोला, "अरे मैडम जी, गाँव में छह बजे ही रात हो जाती है। और ये देहात है, यहाँ इस समय भूत-प्रेत भी घूमते हैं, अंदर आ जाइए!" नीलांजना को थोड़ा खीझ हुई। पिछले दो घंटों में दो लोग उसे टोक चुके थे। अभी तो आई ही थी और ऐसी बातों से कैसे शोध कर पाएगी? वह झुंझलाकर छत पर चली गई।

छत से उसने देखा कि गेस्ट हाउस के पीछे एक मैदान था, जो चारों ओर से कंटीली तारों से घिरा था। वहाँ एक आदमी आग जलाए बैठा रेडियो सुन रहा था। कोई पुराना गीत बज रहा था। नीलांजना उसे कुछ देर देखती रही। अचानक वह आदमी उसकी ओर घूमा।

नीलांजना एक पल के लिए घबरा गई। आग की रोशनी में उसका चेहरा साफ नजर आ रहा था, कोई 30-32 साल का युवक था। वह भी नीलांजना को ही देख रहा था। तभी गार्ड ने आवाज दी—

"मैडम जी, खाना लग गया है!"

नीलांजना ने नीचे झुककर जवाब दिया, "हाँ, राधा को बोलो, मैं आ रही हूँ।" वह फिर मैदान की ओर मुड़ी, लेकिन वहाँ कोई नहीं था। आग अभी भी जल रही थी, पर वह लड़का गायब था।

नीलांजना नीचे आई, खाना खाया और सोने चली गई।

अगले दिन...

नीलांजना को गाँव में शोध के लिए जाना था। वह राधा के साथ गाँव की ओर निकल पड़ी। राधा उसे पौधों, फसल, मौसम और बारिश के बारे में बताती रही। घूमते-घूमते दोपहर हो गई।

नीलांजना राधा से बोली "राधा, तुम गेस्ट हाउस जाकर खाना बना लो, मैं कुछ मिट्टी के सैंपल्स ले कर आती हूँ।"

"मैडम जी, आप अकेले कैसे आएँगी? आप भी मेरे साथ चलिए, थोड़ा आराम कर लीजिए," राधा बोली।

“नहीं नहीं मैं ये काम खत्म कर के गेस्ट हाउस आ जाऊँगी, तुम जाओ," नीलांजना ने समझाया।

राधा उसे एक खेत के पास छोड़कर चली गई। नीलांजना मिट्टी के सैंपल्स इकट्ठा करने लगी और कुछ तस्वीरें खींचीं। तभी उसे एहसास हुआ कि कोई उसे देख रहा है। वह पीछे मुड़ी और चौंक गई—यह तो वही लड़का था जिसे उसने कल मैदान में देखा था।

"हेलो, मेरा नाम राघव है। कल आपको गेस्ट हाउस में देखा था। गाँव में नई आई हैं क्या?" उसने पूछा।

"हाँ, मैं उद्यान विभाग में वैज्ञानिक हूँ। रिसर्च के लिए आई हूँ। और आप?" नीलांजना ने जवाब दिया।

"मेरा पुश्तैनी घर यहाँ है, लेकिन अब पूरा परिवार दिल्ली में रहता है। मैं भी वहीं जॉब करता हूँ, कभी-कभी गाँव आता हूँ। अच्छा लगता है यहाँ का शांत माहौल," राघव ने कहा।
"अच्छा लगा आपसे मिलकर। आजकल लोगों को गाँव पसंद नहीं आते," नीलांजना ने कहा।
दोनों हँस पड़े। फिर राघव उसे गाँव घुमाने लगा और उसकी रिसर्च में मदद की।

नीलांजना ने महसूस किया कि गाँववाले उसे अजीब नज़रों से देख रहे थे— जैसे वे डर और आश्चर्य में हों। शाम को राघव ने उसे गेस्ट हाउस से कुछ दूर छोड़ दिया और कहा, "कल पास वाली नदी पर मिलते हैं, वहाँ कुछ पेड़-पौधों के बारे में बताऊँगा।"

नीलांजना मुस्कराई और गेस्ट हाउस लौट आई। राधा बहुत परेशान थी। "मैडम जी, आप कहाँ थीं? मैं आपको पूरे गांव में ढूंढ आई, खाना भी ठंडा हो गया!" "अरे, सैंपल्स और फोटोज लेने में देर हो गई," नीलांजना ने कहा। वह चाहकर भी राघव का जिक्र नहीं कर पाई।

रात को नीलांजना राघव के बारे में सोच कर छत पर गई और देखा—राघव फिर उसी मैदान में आग जलाए बैठा था। जैसे ही उसने नीलांजना को देखा, मुस्कराया, मानो उसी का इंतजार कर रहा हो। वह दोनों कुछ देर एक दूसरे की देखते रहे फिर नीलांजना नीचे आ गई। वह राघव के प्रति एक अजीब सा खिंचाव महसूस कर रही थी। बस इसी सोच में उसकी आँख लग गई।

अगले दिन...

नीलांजना अच्छे से तैयार हुई और राधा से बोली, "आज मैं अकेले जाऊँगी, तुम मत चलो।" राधा ने बहुत मना किया, पर नीलांजना नहीं मानी। जब वह नदी के पास पहुँची, तो राघव पहले से वहाँ था। नीलांजना ने चुपके से डिजिटल कैमरा निकालकर उसकी तस्वीर खींच ली।

फिर दोनों बातें करते हुए आगे बढ़े।

फिर वही हुआ—गाँववालों की घबराई नज़रें, डर से भरी फुसफुसाहटें।

शाम होने को आई तो राधा घबराई हुई दौड़ती आई।

"मैडम जी! जल्दी चलिए!"

"क्या हुआ, राधा?"

"कुछ मत पूछिए, बस गेस्ट हाउस चलिए!"

नीलांजना ने अपना बैग उठाया और चल पड़ी। गेस्ट हाउस पहुँचते ही गार्ड और कुछ गाँववाले मशालें लिए खड़े थे।

"मैडम जी, आप ठीक हैं?" गार्ड ने पूछा।

"हाँ, पर क्या हुआ?"

गार्ड ने कहा, "हमने आपको नदी के पास अकेले देखा था। आप 'हाँ-हाँ' करके अकेले बात कर रही थीं—जैसे कोई आपके साथ हो!"

नीलांजना चौंक गई और बोली हाँ मै तो राघव के साथ थी, वह शोध में मेरी मदद कर रहा है।

"मैडम जी, कौन राघव? इस पुरे गांव में कोई राघव नहीं रहता।

कैसी बात कर रहे हो मै कल से उसके साथ ही हूँ और मैंने उसकी एक फोटो भी ली है

उसने कैमरा निकाला और सुबह खींची तस्वीर में राघव की तस्वीर ढूंढ़ने लगी ..

लेकिन उसे राघव की तस्वीर नहीं मिली। सिर्फ नदी, कुछ पेड़ और पगडंडिया।

नीलांजना ने ध्यान से सारी तसवीरें छान मारी, यह सोचते हुए कि शायद कोई गलती हो गई हो। पर राघव का कोई नाम और निशान नहीं मिला।

नीलांजना के हाथ से कैमरा गिर पड़ा।

गार्ड: "मैडम जी, कौन राघव? कौन? पूरे गाँव में, आसपास के गाँवों में भी, कोई राघव नहीं है। बस एक छलावा है। शुक्र मानिए कि हमने देख लिया, वरना अनर्थ हो जाता।"

नीलांजना को कुछ समझ नहीं आ रहा था। वह दौड़कर छत पर गई। पीछे मैदान में आग जल रही थी, लेकिन वहाँ कोई नहीं था। बाकी लोग भी नीलांजना के पीछे-पीछे छत पर आ गए।

नीलांजना: "ये जगह...?"

राधा: "मैडम जी, यह तो पुराना श्मशान घाट है। कुछ साल पहले शहर के एक लड़के ने यहाँ खुद को आग लगाकर आत्महत्या कर ली थी। तब से इसे बंद कर दिया गया है। लोग कहते हैं कि उसकी आत्मा यहीं भटकती है। इसलिए यहाँ जाना मना है। इसे कंटीले तारों से घेरकर बंद रखा गया है।"

नीलांजना को ऐसा लगा मानो उसके पैरों तले ज़मीन खिसक गई हो। किसी तरह उसने रात वहीं काटी। अगले दिन, गार्ड ने टैक्सी बुलवाई और कहा, "मैडम जी, जो हुआ उसे बुरा सपना समझकर भूल जाइए और दोबारा गाँव मत आइएगा।"

नीलांजना चाहकर भी राघव या उस छलावे को भूल नहीं पा रही थी। वह टैक्सी में बैठ गई।

नीलांजना: "राधा, अपना ध्यान रखना। तुमसे मिलकर अच्छा लगा। शायद अब कभी मुलाकात न हो।"

यह कहते हुए उसने टैक्सी वाले को चलने का इशारा किया। नीलांजना को घुटन-सी महसूस हो रही थी। उसने शीशा नीचे किया और टैक्सी के साइड मिरर में एक मुस्कुराते हुए चेहरे को देखा—राघव का चेहरा!

नीलांजना ने झट से गर्दन घुमाई। दूर, राघव खड़ा मुस्कुरा रहा था।
डर के मारे उसने तुरंत चेहरा दूसरी तरफ कर लिया। फिर हिम्मत जुटाकर दोबारा पीछे देखा—अब वहाँ कोई नहीं था।

ड्राइवर: "मैडम, सब ठीक है? गाड़ी रोकूं?"
नीलांजना "हाँ, सब ठीक है। गाड़ी अब शहर जाकर ही रोकना, भैया।"

सारांश:

*"यह कविता **"जीवन का सत्य"** मानव जीवन की क्षणभंगुरता को दर्शाती है। यह कविता हमें भौतिक मोह-माया और धन-संपत्ति के पीछे भागने के बजाय जीवन के वास्तविक सत्य को समझने की प्रेरणा देती है।*

सत्य को बाहरी चीज़ों में ढूँढने के बजाय, हमें इसे प्रकृति और आत्मचिंतन में खोजना चाहिए।

यह कविता हमें सिखाती है कि सत्य हमारे आसपास के जीवन और प्रकृति में ही मौजूद है। हमें व्यर्थ भटकने के बजाय, इस संसार की सरलता में इसे खोजने की आवश्यकता है।"

जीवन का सत्य

पृथ्वी के क्षणभंगुर जीवन में,
व्यर्थ न भटको तुम वन वन में।
क्या रखा है मोह माया और धन में,
सत्य छुपे हैं इसी उपवन में।

ढूंढो जीवन के सत्य को मन में,
ढूंढो धरा के हर जीवन में।
देखो सूरज की पहली किरन में,
देखो झरने के बहते जल में।

सुनो पक्षी के कलरव को वन में,
या ईश्वर के पावन सुमिरन में।
पृथ्वी के क्षणभंगुर जीवन में,
सत्य छुपे हैं इसी जीवन में।
व्यर्थ न भटको तुम वन वन में,
पृथ्वी के क्षणभंगुर जीवन में।

अल्पविराम

हर जगह अंधेरा ही अंधेरा है, धुँआ ही धुँआ है और बस शोर ही शोर।
गोलियों का शोर, बारुदों का शोर। शोर इतना भयानक है की सब चीख पुकारें दब कर रह गई। अंधेरा इतना गहरा है कि कुछ दिखाई नहीं दे रहा।
मौसम की सर्दी को गोले बारुदों की गर्मी ने ढक लिया।
अचानक से धुआँ कम होने लगा और ये शोर भी बदल गया। शोर था पर उसमें कुछ खुशी थी।

अचानक मौसम की सर्दी वापस आने लगी। जरा गौर से देखा तो सामने की चोटी पर कुछ साथी जश्न मना रहे थे, तिरंगे के साथ।
आह! आख़िर हमने फ़तेह हासिल कर ही ली। हमने दुश्मन को वापस खदेड़ ही दिया।
जैसे ही विशाल ने आगे कदम बढ़ाया तो ठोकर खा कर गिर पड़ा, ये क्या ! नीचे लाशों का अंबार लगा था।

नीचे विशाल के साथी निष्प्राण पड़े थे। आगे बढ़ा तो एक निष्प्राण शरीर पर नज़र ठिठक गई और अचानक से एहसास हुआ की कुछ देर पहले जो सीने मे दर्द था वो बंद हो गया, जो लहू रिस रहा था वो थम गया।

थोड़ा पास गया और गौर से देखा तो मानो शरीर जम सा गया, अचानक से धुँआ फिर से गहराने लगा और अंधेरा होने लगा, तेज हवाएँ चलने लगी और वो तेज हवाएं उसे वहाँ से रेत की तरह उड़ा ले गई और सब फ़ना हो गया।

देहरादून

सीमा! सीमा!, कुछ तो बोल सीमा!

सीमा देख ये क्या हो गया सीमा!

सीमा एक टक लगा कर विशाल को निहार रही थी। उसके कानों में ना अपने नाम की गुहार थी, ना ही रोने चीखने का शोर।

वो बस सामने तिरंगे मे लिपटे विशाल के शरीर को एकटक देख रही थी।

और उसके हाथ मे डॉक्टर की रिपोर्ट थी जो कल ही उसे मिली थी।

ना जाने सीमा क्या सोच रही थी।

विशाल इस बात से अंजान ही रह गया कि वो पिता बनने वाला है।

या विशाल चला गया फिर से वापस आने के लिए।

सारांश:

"यह कविता ***"मैं नारी हूँ"*** *नारी के विभिन्न रूपों, उसके संघर्षों और उसकी शक्ति को दर्शाती है। नारी केवल एक अबला नहीं, बल्कि संपूर्ण सृष्टि का आधार है।*

नारी, बेटी, बहन, पत्नी, बहू, भाभी और माँ के रूप में अपने कर्तव्यों को निभाती है। वह कोमलता, शीतलता और निर्मलता का प्रतीक होते हुए भी अनेक कष्ट सहती है।

यह कविता नारी के संघर्ष, उसकी सहनशक्ति और उसके अदम्य साहस को एक सशक्त रूप में प्रस्तुत करती है, यह बताते हुए कि नारी केवल अबला नहीं, बल्कि संसार की आधारशिला है।"

मै नारी हूँ

मैं नारी हूँ मैं अबला हूँ,
मैं इस दुनिया में आती हूँ।
मैं शीतलता मै निर्मलता,
मैं बेटी बन जाती हूँ।

मैं डोर हूँ एक कलाई पर,
मैं एक बहिन कहलाती हूँ।
मैं इन्द्राणी मै रुद्राणी,
मैं पत्नी बन इठलाती हूँ।

मैं हूँ लक्ष्मी मैं सरस्वती,
मैं बहु के फ़र्ज़ निभाती हूँ।
मैं काया हूँ मै छाया हूँ,
भाभी बन समझाती हूँ।

मैं अम्बे हूँ मैं हूँ गौरी,
मैं फिर माँ बन जाती हूँ।
मैं नारी हूँ मैं अबला हूँ,
संसार से कष्ट मैं पाती हूँ।

कभी मैं गिरती, कभी मैं लुटती,
कभी मैं लड़ती, कभी मै मरती,
और कभी जल जाती हूँ।
फिर बनती दुर्गा बनती काली,
शत्रुओं को राह दिखती हूँ।

मैं शक्ति हूँ मै ब्राह्मणी,
मैं यह संसार चलाती हूँ।
मैं तपस्विनी मै तेजस्विनी,
जीने का मार्ग दिखलाती हूँ।

मै संतोषी मै वैष्णो हूँ,
जीवन आधार बनाती हूँ।
मै नारी हूँ मै अबला हूँ,
जब संसार से जाती हूँ।

नारी अस्मिता

"नारी अस्मिता को पहचानिए!

नारी अबला नहीं, दुर्गा है, जननी है। अपने अंदर इस विचार को जगाना होगा, और हर उस अन्याय के खिलाफ लड़ना होगा जो नारी के आत्मसम्मान को ठेस पहुंचाता है।"

रमा जी के इन शब्दों से सभागार गूंज उठा। कुछ की आँखों में गर्व था, कुछ की आँखों में सपना और कुछ की आँखों में छुपा हुआ संघर्ष।

"हम सब मिलकर कन्या भ्रूण हत्या के खिलाफ आवाज़ उठाएंगे, कन्या शिक्षा को बढ़ावा देंगे, दहेज प्रथा को खत्म करेंगे। नारी केवल घर के कामों तक सीमित नहीं है, वह समाज के विकास में पुरुषों के बराबर, बल्कि कही बेहतर भूमिका निभा सकती है,"

रमा जी का गला सूख गया था। उन्होंने पानी की बोतल उठाई और अपने सचिव को भाषण समाप्त करने का इशारा कर दिया।

भीड़ तालियों से गूंज उठी।

मंच से उतरने के बाद रमा जी पीछे बने अतिथि कक्ष में चली गई। उनके सचिव मोहन जी, जो उनके सारे कार्यक्रमों के संयोजक थे, भागते हुए आए और बोले,

"मैडम जी, सवेरे समाचार वाले पत्रकार इंटरव्यू के लिए आए हैं। आपको याद होगा, कल ही बताया था।"

रमा जी ने थकान भरे स्वर में कहा,

"मोहन जी, बहुत थक गई हूँ, एक हफ्ते से लगातार कार्यक्रम, भाषण... अब किसी से बात करने का मन नहीं है।"

"मैडम जी, ये मौका चूकना नहीं चाहिए। ये लोग बहुत प्रभावशाली हैं। अगर इंटरव्यू टीवी पर चला तो मेयर पद के लिए कई राजनीतिक दल आपको टिकट ऑफर करेंगे!"

कुछ सोच-विचार के बाद रमा जी ने हामी भर दी। इंटरव्यू की तैयारी पहले से थी — सवाल-जवाब तैयार थे। इंटरव्यू शुरू हुआ।

रमा जी पूरे आत्मविश्वास से बोलीं,

"अगर मुझे मौका मिला तो मेरा पहला मुद्दा होगा — नारी सुरक्षा, सम्मान और सशक्तिकरण।"

इंटरव्यू करीब एक घंटे चला। इसके बाद रमा जी घर निकलने की तैयारी कर ही रही थीं कि बेटे मनीष का फ़ोन आया।

"हाँ मनीष, बोलो।"

"माँ, माधवी को हॉस्पिटल लाया गया है। अचानक दर्द शुरू हो गया। डॉक्टर कह रहे हैं कि कुछ घंटों में डिलीवरी हो जाएगी।"

"ओह! ठीक है बेटा, ज़रूरत हो तो बताना। हम रैली से लौटे हैं, बहुत थक गए हैं। अभी घर जा रहे हैं।"

"माँ... माधवी घबरा रही है। उसके मम्मी-पापा शहर से बाहर हैं, रात तक आएँगे। अगर आप आ जाएँ तो उसे थोड़ा हौसला मिलेगा।"

"मनीष, हम बहुत थके हुए हैं। एक हफ्ते से लगातार काम कर रहे हैं। रात को डिनर के बाद आ जाएँगे उसे देखने। कल सुबह हमें मंत्री जी से भी मिलना है... समझा करो।"

रमा जी ने फ़ोन काट दिया और घर चली गईं।

रात को डिनर के बाद वे हॉस्पिटल पहुँचीं। मनीष ऑपरेशन थियेटर के बाहर परेशान टहल रहा था।

"क्या हुआ मनीष? इतना परेशान क्यों हो?" रमा जी ने पूछा।

"माँ, माधवी की तबीयत थोड़ी बिगड़ गई है। डॉक्टर ने तुरंत ऑपरेशन की सलाह दी है।"

"क्या? ऑपरेशन की क्या ज़रूरत थी! थोड़ा और इंतज़ार कर लेते... तुमने मुझे बताया क्यों नहीं? मैं डॉक्टर से बात कर लेती।"

"ऑपरेशन शुरू हो गया है, माँ," मनीष ने धीमे स्वर में कहा।

कुछ देर बाद नर्स बाहर आई, चेहरे पर हल्की मुस्कान थी।

"बधाई हो मिस्टर मनीष, बेटी हुई है।"

मनीष खुशी से चहक उठा —

"थैंक्यू, सिस्टर! और माधवी कैसी है?"

"माधवी जी बिल्कुल ठीक हैं," नर्स ने जवाब दिया।

मनीष तुरंत बच्ची और माधवी को देखने के लिए अंदर चला गया, लेकिन रमा जी वहीं सोफे पर धम्म से बैठ गईं।

"हे भगवान! लड़की हो गई... मुझे तो पूरा भरोसा था कि पहला बच्चा लड़का ही होगा..." उन्होंने धीमे स्वर में कहा।

इतने में मोहन जी वहाँ आ पहुँचे।

"मैडम जी, ज़रूरी मीटिंग है... फोन पर। मंत्री साहब बात करना चाहते हैं।"

"मोहन जी, अभी मेरा दिमाग ठीक से काम नहीं कर रहा... माधवी किसी काम की नहीं। ना घर संभाल पाती है, ना नौकरी कर सकती है, और अब बेटी पैदा कर दी!"

"मैडम जी, बधाई हो..." मोहन मुस्कराया।

"अरे चुप करो मोहन जी! जले पर नमक मत छिड़को!"

मोहन ने गहरी साँस ली, "मैडम जी, अभी वक़्त नहीं है इन सब बातों का। मंत्री साहब लाइन पर हैं, बात करना ज़रूरी है।"

रमा जी ने झल्लाकर कहा,

"ठीक है, फोन दो और गाड़ी भी निकालो।"

फोन पर आवाज़ आई —

"हेलो, नमस्कार मंत्री जी! जी, सब बढ़िया है। हाँ जी, अभी हॉस्पिटल में ही हूँ... लक्ष्मी हुई है... बहुरानी ने खुश कर दिया। धन्यवाद!"

थोड़ा रुक कर बोलीं —

"जी, मेरा तो एक ही मुद्दा है — बेटी बचाओ, बेटी पढ़ाओ।"

और फिर रमा जी गाड़ी में बैठ गईं —

एक और भाषण देने, एक और रैली में बेटी के हक की बात करने।

सारांश:

"यह कविता ***"जीवन"*** *जीवन के महत्व, और उसे पूर्णता से जीने की प्रेरणा देती है। यह कविता बताती है कि जो जीवन को समझता है, वही इसके सुखों का वास्तविक आनंद उठाता है। जीवन एक अवसर की तरह है, जो केवल एक बार मिलता है, इसलिए इसे सार्थक बनाना चाहिए।*

लोग पाने की कोशिश तो करते हैं, लेकिन खोने के डर में ते रहते हैं। जबकि जीवन का स्वभाव ही परिवर्तनशील है—फूल मुरझा जाते हैं, पंछी उड़ जाते हैं, और समय कभी ठहरता नहीं।

हमें जीवन को बिना किसी भय के, पूरे उत्साह और सकारात्मकता के साथ जीना चाहिए, क्योंकि यह वास्तव में अमूल्य है।"

जीवन

जीवन का हर पल है अनमोल,
इसका कोई नहीं है मोल।
जो करता है इसको व्यर्थ,
उसके जीवन का नहीं कोई अर्थ।

जीवन को समझा है जिसने,
हर सुख पाया जीवन में उसने।
एक बार जीवन मिलता है,
एक ही बार ये फूल खिलता है।

सीप से मोती चुनते हैं,
हम जीवन के दिन गिनते हैं।
क्यों पाने की कोशिश करते हैं,
फिर खोने की गलती करते हैं।

जब आता है तब रोता है,
जाता है तो दुःख होता है।
फूल इक दिन मुरझा जाएगा,
पंछी है ये उड़ जाएगा।

जीवन है ये नहीं खिलौना,
होता है जब जो हो होना।
प्रकृति के हर कण में जीवन,
मिटटी हो या हो ये जल,
पशु पक्षी और अनल।

कार्य सब अपना करते हैं।
नहीं जीवन को व्यर्थ करते हैं,
क्यों खोने से हम डरते हैं,
फिर पाने की कोशिश करते हैं।

बस जीवन को जीते जाओ,
प्याला रस का पीते जाओ।
जीवन का हर क्षण है अनमोल,
इसका कोई नहीं है मोल।

सुकून

राजीव हमेशा बड़ी-बड़ी योजनाएँ बनाता, सपने बुनता, और सोचता कि जब वह बहुत सफल हो जाएगा, तब असली ज़िंदगी जिएगा। वह हर खुशी को भविष्य के लिए टाल देता—परिवार के साथ घूमना, दोस्तों के साथ हँसना, छोटी-छोटी खुशियों को महसूस करना।

आज राजीव आफिस में आकर बैठा ही था की पता चला कि एकाउंट्स डिपार्टमेंट के देव की कल रोड एक्सीडेंट में मृत्यु हो गई।

वैसे तो राजीव की देव से दोस्ती नहीं थी पर परिचित था। काफी दुखद समाचार था। पूरे ऑफिस में लोग देव के बारे में बात कर रहे थे। सुना था देव की शादी होने वाली थी। किसी ने कहा देव ३ साल से शादी को आगे बढ़ा रहा था, कहता था थोड़ा जॉब में सेटल हो जाये, अच्छा पैसा जोड़ ले तब शादी करेगा।

अब सब कुछ सही हो रहा था और उसने अपनी शादी पक्की कर दी थी पर अब वो खुद ही नहीं रहा। कितनी अजीब व्यथा थी। ऑफिस में हर कोई दुखी था।

राजीव अचानक से खुद की देव से तुलना करने लगा। वो भी तो ऐसा ही सोचता था , बस फर्क इतना था की देव शादी को टाल रहा था और राजीव अपने बीवी, बच्ची और छोटी-छोटी खुशियों को। नौकरी के चक्कर में वो परिवार पर ध्यान ही नहीं दे पाता।

इसी उधेड़ बुन में उसने अपने ऑफिस की खिड़की से बाहर झाँका। पार्क में एक छोटा बच्चा तितली पकड़ने की कोशिश कर रहा था। वह तितली को पकड़ते ही छोड़ देता और फिर खिलखिलाकर हँसने लगता। राजीव को यह देख आश्चर्य हुआ।

राजीव उसे देखकर बहुत खुश महसूस कर रहा था, अचानक फ़ोन की घंटी ने राजीव की एकाग्रता को भंग किया। फ़ोन पर समय देख कर राजीव को एहसास हुआ की वो लगभग आधे घंटे से उस बच्चे के खेल में डूबा हुआ था।

राजीव अचानक से एक कशमश में डूब गया उसे एहसास हुआ की उसकी एक ४ साल की बच्ची सिया जो रोज उसका इंतज़ार करती है, पर राजीव थक हार कर घर पहुँचता है और उसे समय नहीं दे पाता क्यूंकि उसे ये लगता है जब वो कुछ बड़ा प्रमोशन पाएगा, अपनी बेटी और परिवार को समय देगा, ज़िन्दगी जियेगा।

पर वो समय कब आएगा और क्या तब उसकी ये आगे बढ़ने की ललक कम हो जाएगी। और क्या उसकी बेटी का बचपन उसका इंतज़ार करेगा?

उसी शाम, जब वह घर पहुँचा, तो उसकी बेटी ने कहा, "पापा, आप हमेशा कहते हैं कि एक दिन मेरे साथ खेलोगे, पर वह 'एक दिन' कभी आता ही नहीं!"

यह सुनकर राजीव को एहसास हुआ कि जीवन इंतज़ार करने के लिए नहीं, जीने के लिए है। उसने अपने अधूरे पल को पूरा करने की ठानी।

राजीव ने सिया को कहा, "चलो सिया मम्मा को बुलाओ, हम सब लोग पार्क जाएंगे , पहले खेलेंगे और फिर आइस क्रीम खाएंगे"। सिया दौड़ कर अपने पापा के गले लग गई और जोर से बोली मम्मा "वो एक दिन आ गया, वो एक दिन आ गया" हे हे हम पार्क जाएंगे।

राजीव को आज थकान महसूस नहीं हुई, आज उसे सुकून महसूस हुआ।

गहरा सुकून।

9 789360 484255

Printed at Repro India Ltd.